RECHERCHES

SUR LES PEUPLES

Qui habitaient le Nord de l'ancien Poitou,

SUR LA LOIRE ET LA MER,

LORS DE LA CONQUÊTE DES ROMAINS ET DE L'INTRODUCTION DU CHRISTIANISME ;

Par M. de la Fontenelle de Vaudoré,

Membre des Sociétés des Antiquaires de France, de Normandie, de l'Ouest et de la Morinie, et de plusieurs autres Sociétés savantes.

POITIERS,

SAURIN FRÈRES, IMPRIMEURS,

RUE DE LA MAIRIE, N° 10.

1835.

Imprimerie de SAURIN.

RECHERCHES

SUR LES PEUPLES

QUI HABITAIENT LE NORD DE L'ANCIEN POITOU,

SUR LA LOIRE ET LA MER,

LORSQUE DE LA CONQUÊTE DES ROMAINS ET DE L'INTRODUCTION
DU CHRISTIANISME.

Lorsque les Romains tentèrent d'assujétir la totalité des Gaules à leur gigantesque empire, trois petits peuples différents et distincts habitaient la partie de territoire qui a formé depuis le Bas-Poitou, avec les portions qui en ont été détachées au moyen-âge. Ces peuples, qui se trouvaient placés entre les Poitevins, *Pictones*, les Angevins, *Andes*, et les Nantais, *Namnetes* (1), étaient les *Ambiliates* ou *Ambilatri*, les *Anagnutes*, appelés autrement *Agnutes* ou *Agnotes*, et les *Agesinates*.

(1) Dans quelques auteurs anciens, on a écrit *Samnites* pour *Namnetes* ou *Nannetes*, mais c'est une erreur qui a été presque généralement reconnue. Un auteur allemand très-estimé, Conrad Mannert, dans sa *Géographie des Grecs et des Romains*, ouvrage que mon savant ami, M. Cardin, a bien voulu traduire pour moi, dans la partie qui se rapporte à ce travail, se borne à rapporter les diverses opinions des auteurs à ce sujet. Je pense que le territoire qu'on voudrait assigner aux *Samnites* est le même que celui qu'occupaient les *Namnetes*, et dès-lors on doit croire qu'il s'agit du même mot, qui aura été mal écrit sur quelques manuscrits.

(4)

L'existence des *Ambiliates* (1) est attestée, dans ses Mémoires ou *Commentaires*, par Jules César (2), qui n'indique point la contrée où ils habitaient. Plusieurs auteurs, notamment Glareanus (3) et Marliani (4), ont cru qu'ils étaient enclavés dans la Normandie ou dans la Bretagne et Valois (5) ; des auteurs bretons (6) les placent positivement dans cette dernière province, entre St-Brieuc et St-Malo, au lieu où est actuellement la ville de Lamballe (7). Mais Pline (8) est là pour nous donner la

(1) Comme le fait remarquer Dufour dans l'*Ancien Poitou*, pag. 61, d'Anville bien mal à propos ne fait aucune mention des *Ambiliates* ou *Ambilatri*, ni dans sa *Carte de la Gaule dans son état au temps de la conquête par César*, ni dans sa *Géographie ancienne*.

(2) *Cæs. de Bell. Gall.*, l. III.

(3) *De Geographiâ liber.*

(4) *Urbis Romæ topographiæ.*

(5) *Not. Gall.*

(6) Dans plusieurs ouvrages et aussi dans l'*Histoire de Bretagne* de M. Daru. De plus, M. Ed. Richer, sous le nom de *Mériadec*, dit, dans le *Lycée Armoricain*, tom. VI, p. 165, qu'il a vu à l'Académie des Inscriptions, *pendant son dernier voyage à Paris*, un mémoire manuscrit dans lequel on faisait du pays de Retz la patrie des *Ambiliates*.

(7) Néanmoins cette opinion commence à être abandonnée. On peut l'induire de ce que Baudouin-Maisonblanche s'exprime ainsi dans ses *Recherches sur l'Armorique*, insérées dans les *Mémoires de l'Académie Celtique*, tom. V, pag. 161 : « En arrivant à Lamballe, j'ai ouï parler » des *Ambiliates* de César et de leur identité prétendue avec les habi- » tants du pays... » Aussi lisait-on, en 1827, dans un journal de Nantes, le *Breton*, n° 54 : « Depuis plusieurs années les Lamballois savent bien » qu'ils n'appartiennent point aux *Ambiliates*, nommés par César. » Cette opinion avait été combattue victorieusement par l'abbé » Ruffelet. » Voir aussi le n° 29 du *Breton*.

(8) Plin. apud. Bouquet, t. 1, p. 57.

(5)

véritable position des *Ambilatri ;* car c'est ainsi qu'il appelle les *Ambiliates*, petit peuple qu'il joint, pour ainsi dire, aux *Agesinates*. Je reviendrai bientôt sur cette grave autorité.

Jules César ne parle aucunement des *Agesinates*, qui ne sont connus que par ce qu'en dit Pline, qui les nomme *Cambolectri Agesinates* (1). Comme ce dernier auteur joint ce petit peuple aux Pictons, *Pictones*, et aux *Ambiliates* ou *Ambilatri*, il n'est pas étonnant que le conquérant n'ait vu, dans ces deux fractions, qu'un seul et même peuple. Du reste, dom Bouquet, dans la carte de l'ancienne Gaule (2), place les *Agesinates* en Angoumois ; c'est, de sa part, une simple conjecture, qui n'est appuyée, outre une ressemblance dans les mots, que sur ce que ce peuple a été indiqué comme confinant aux *Pictones* ou Poitevins ; mais jamais les Angoumoisins n'ont porté le nom d'*Agesinates*, ni même d'*Engolimentes*. Il faut donc écarter cette opinion, pour en substituer une plus probable. Il est étonnant que l'abbé Belley, dans sa savante dissertation sur *Limonum* (3), soit tombé dans la même erreur. On doit l'attribuer sans doute à ce que cet érudit académicien n'avait pas examiné ce point avec la même attention que toutes les difficultés qu'il est venu à bout de

(1) Il y avait un autre peuple appelé *Cambolectri Atlantici* qui habitait le midi des Gaules. Samson le place dans l'Albigeois, mais il a le tort de le diviser en *Agesinates* et en *Atlantiques*. Les premiers, comme on le démontre, habitaient le Poitou. Il ne faut donc pas confondre des peuples aussi distincts. Voir à ce sujet, pour une pareille erreur, les *Mémoires de la Société des Antiquaires de France*, tom. 14, p. 249.

(2) Cette carte est en tête de la grande collection des historiens de France.

(3) *Mém. de l'Acad. des Inscrip.*, éd. in-12, tom. 32, pag. 382.

résoudre. Aussi , il ne parle qu'avec l'accent du doute , et il se borne à dire que le territoire des *Cambolectri Agesinates* , qui *probablement* était l'Angoumois, se trouvait *peut-être* compris dans les limites du Poitou.

Les *Anagnutes, Agnutes* ou *Agnotes*, sont indiqués par Pline. Dans la carte qu'il a jointe à son *Histoire Romaine*, Crevier (1) les place en Aunis, encore à cause de la ressemblance des noms. C'est aussi l'opinion du père Arcère (2), qui les revendique pour sa province. Plusieurs auteurs bretons ont cru pareillement devoir revendiquer ce peuple pour leur patrie , notamment Le Boyer (3) et Miorcet de Kerdanet (4).

Revenons donc à Pline, qui est le seul auteur qui parle successivement de ces petits peuples. Il dit d'abord qu'ils sont placés dans l'Aquitaine , puis il semble en quelque sorte nous conduire par la main pour nous indiquer plus particulièrement les contrées qu'ils habitaient. Voici son texte : *Aquitaniæ sunt Ambilatri , Anagnutes , Pictones , Santones liberi , Bituriges liberi , cognomine Vibisci Aquitani..., Cambolectri Agesinates Pictonibus juncti* (5).

(1) Tom. xii.

(2) *Hist. de la Rochelle.*

(3) *Notices sur Nantes et la Loire-Inférieure. Lycée Armoricain.*

(4) *Lycée Armoricain*, tom. 1, pag. 13, aussi tom. 2, pag. 179, où cet écrivain, pour rejeter l'opinion de Pline, va jusqu'à prétendre qu'il a confondu l'Armorique avec l'Aquitaine. M. Baudouin - Maisonblanche et M. Eloi Johanneau, dans les *Mémoires de l'Académie Celtique*, tom. iii et iv, veulent aussi mettre les *Anagnutes* en Bretagne, et usent de ce moyen fort aisé qui consiste à dire que l'auteur qui les met en Aquitaine s'est trompé , sans fournir aucune preuve de cette erreur prétendue.

(5) Plin. apud Bouquet.

D'après ce passage , il est clair d'abord que les peuples dont je m'occupe étaient dans l'Aquitaine. Evidemment c'est de l'Aquitaine du nord que Pline a entendu parler , soit que l'Aquitaine s'étendît primitivement jusqu'à la Loire , et qu'il y ait eu erreur de la part de Jules César, qui tout en reconnaissant que l'Aquitaine contenait le tiers des Gaules , ne la fait aller pourtant que jusqu'à la Garonne ; soit qu'il y ait eu augmentation de l'Aquitaine , sous Auguste , pour la porter jusqu'au fleuve Ligérien , par l'adjonction de quatorze peuples de la Celtique (1). Toujours est-il que Pline , dans l'énumération des peuples, a l'intention de suivre la position géographique , en commençant par le nord , ainsi qu'il est aisé de s'en convaincre. Tenant cette proposition pour vraie , on voit que les *Ambilatri* ou *Ambiliates* sont nommés les premiers ; puis viennent les *Anagnutes* , ensuite les *Pictones* auxquels on joint les *Agesinates* ; on continue en nommant les Saintongeois, les Berrichons, etc. Chaque peuple étant ainsi nommé à son rang, il en résulte que les petits peuples dont il s'agit étaient les plus septentrionaux de l'Aquitaine, et dès-lors les plus proches de la Loire, sur le côté du midi. C'est après s'être emparé d'un argument aussi irrésistible, que dom Bouquet (2) a placé les *Ambiliates* ou *Ambilatri*, et les *Anagnutes* ou *Agnotes*, entre le pays nantais et le Poitou. *Ambo* , dit-il, *inter Nannetes et Pictones sedes habuére* (3).

---

(1) J'ai traité cette question dans mes *Recherches sur l'idiome poitevin*, insérées dans le *Bulletin de la Société académique de Poitiers.*

(2) *Rer. Gall. Script.*

(3) Dom Martin, dans son *Dict. topogr. des Gaul.* , pag. 86 et 88 , a dès-lors le plus grand tort d'émettre une opinion contraire.

Actuellement il s'agit de distribuer le territoire du Bas-Poitou entre les trois petits peuples qui l'habitaient (1), ainsi qu'on l'a démontré, lors de la conquête des Romains. Les *Ambiliates* ou *Ambilatri* sont les premiers nommés par Pline. Je crois donc devoir les placer à la suite de la Loire, à l'Est, en suivant l'ordre assigné par cet auteur, et la direction du Nord au Midi et de l'Est à l'Ouest. Alors les *Ambiliates*, dont probablement la capitale était Doué, *Theodwaldum*, plus tard lieu de séjour des rois wisigoths, de Dagobert et des rois d'Aquitaine (2), auraient occupé toute la portion de pays sur la rive gauche de la Sèvre-Nantaise jusqu'au Thouet et même du Thouet jusqu'à la Dive, et auraient confiné aux Nantais ou *Namnetes* (3). Plusieurs petites cités, celles de Mauge, *Maugia*, Vihiers, *Vierium*, Chemillé, *Camiliacum*, Bressuire, *Berchorium*, et *Segora* (4), ou les localités qui les ont pré-

(1) Dom Fonteneau, dans ses travaux sur l'histoire du Poitou, dont je me suis servi pour rédiger ce mémoire, a bien reconnu que les *Ambiliates*, les *Anagnutes* et les *Agesinates* avaient habité l'extrémité nord de l'ancien Poitou; mais il n'a point cherché à établir la position respective de chacun d'eux. — Ortellius, *Thes. Geograph.*, dit qu'on ne sait où placer les *Ambiliates*.

(2) Dufour, dans son *Ancien Poitou*, sans aborder sérieusement la question, place au lieu des *Ambiliates* les *Anagnutes*, et pense que Doué a pu être la capitale de ce dernier peuple. Du reste, je ne reconnais point l'existence en Poitou d'un peuple portant le nom de *Lemovices Armoricani*. C'est une erreur de Dufour, ayant pour base une faute du copiste, dans un manuscrit de Plotémée, erreur dont je parlerai plus tard. — Voyez, du reste, un peu plus loin, une dénégation donnée par Dufour à sa première opinion relative à Doué.

(3) *Ambiliates jungit cum Nannetibus.* Cæsar., l. III, *de Bell. Gall.*

(4) Peu de villes anciennes ont été placées dans plus de points que *Segora*. On a successivement indiqué comme étant le lieu où cette

cédées (1), se trouvaient dans les limites de ce peuple. Cette position sur la Loire, un peu avant son embouchure dans la mer, ne contrarie pas l'indication donnée par César (2), qui dit que les *Ambiliates* entrèrent dans la ligue maritime formée par les *Venetes* contre les Romains ; car, placés sur un fleuve affluant directement à l'Océan et d'une aussi belle navigation que l'était alors la Loire (3), ils pouvaient aisément avoir des navires propres à tenir la mer.

Quant aux *Anagnutes*, *Agnutes* ou *Agnotes*, je crois qu'ils étaient à l'Ouest et à la suite des *Ambiliates* ou *Ambilatri*, à l'embouchure de la Loire, qui les séparait aussi des *Namnetes*, et sur l'Océan. Artémidore (4) dit en effet qu'ils résidaient sur le bord de la mer, ce qui vient confirmer mon opinion. Ainsi les *Anagnutes* auraient occupé la contrée qui a été appelée depuis le pays de Rais, et plus tard de Retz, *pagus ratensis*, le pays

ville était placée, Bressuire, Secondigny, Sigournay, Mortagne, Airvault, Montreuil-Bellay, Doué, et même la Seigneurie, commune du Fief-Sauvin (Maine-et-Loire).

(1) Voir à ce sujet les observations qui suivent.

(2) Cæs., *de Bell. Gall.*

(3) On sait que le lit de la Loire, comme celui de presque toutes les rivières, s'est successivement élevé, et que les sables mouvants, qui ont de plus en plus obstrué le cours de ce fleuve, en rendent aujourd'hui la navigation bien difficile. On juge même son amélioration presque impossible, puisqu'on parle, depuis assez long-temps, de l'établissement d'un canal latéral. Au contraire, dans les premiers siècles de l'ère chrétienne, la Loire, bien au dessus de Nantes, était comme une mer que pouvaient aisément remonter les navires de l'époque.

(4) Au dire d'Etienne de Byzance, qui fait des *Anagnutes* un peuple de la Celtique.

de Paillé, ayant eu depuis Montaigu pour chef-lieu, les environs de Saint-Laurent-sur-Sèvre, puis le pays de Pareds, *pagus alperiensis*, et enfin je les fais suivre la Sèvre-Nantaise et arriver jusqu'aux environs du point où a été bâti Fontenay-le-Comte. Cette région, qui d'abord s'étend des bords de la mer, depuis la Loire jusqu'aux rives de la Sèvre-Nantaise, est bordée ensuite par cette rivière, en ne la dépassant que vers le milieu du pays. Les points les plus importants occupés par ce petit peuple étaient le chef-lieu du pays de Rais, *Ratiastum*, dont la position est bien difficile à établir, ainsi qu'on l'indiquera plus tard, et *Alperium*, capitale du pays de Pareds, située sur les bords du ruisseau de l'Arkanson, dans un territoire d'une fertilité extrême (1).

(1) Je crois que c'est le lieu de donner ici un passage de Dufour, *Histoire générale du Poitou*, t. 1, p. 223 et suivantes. « *An Aupareds? Alperium* ou *Auparée*. Le nom de cette localité ne figure plus depuis long-temps sur les cartes géographiques : le pouillé manuscrit de Luçon, qui date du xɪvᵉ siècle, me paraît indiquer par cette expression dont il se sert, *Parée tempore*, dans le temps de Parée, que ce lieu n'existait déjà plus. Du reste, l'époque certaine de sa ruine est complètement ignorée; il avait seul le titre d'archiprêtré dans cette partie du Poitou, démembrée de l'évêché de Poitiers, pour composer le diocèse de Luçon. Il est assez vraisemblable qu'Aupareds, ou Auparée, comporta anciennement son territoire particulier ; car on trouve, dans le nombre des communes actuelles, ou anciennes paroisses, Mouilleron-en-Pareds, Basoges-en-Pareds, Chavagnes-en-Pareds. Mais peut-on induire de cette circonstance qu'Aupareds fut primitivement le chef-lieu de ces *Anagnutes*, ou *Agnutes*, placés par le P. Hardouin et D. Bouquet entre les *Pictones* et les *Namnetes?* C'est ce que je n'oserai affirmer avec certaines personnes du pays, trop prévenues peut-être par l'amour de eur pays. J'avais soupçonné précé-

Arrivant aux *Agesinates*, j'ai quelque chose de plus positif que mes conjectures, relatives aux deux autres petits peuples, quoiqu'elles soient étayées par de fortes présomptions. En effet, la dénomination de cette peuplade se retrouve assez distinctement, et beaucoup moins

demment (*de l'Anc. Poitou*, p. 61) qu'on pourrait placer ces peuples, avec plus de probabilité, à Teodwaldum, Doué en Anjou : un examen plus attentif de cette petite ville m'a convaincu que la construction désignée par La Sauvagère, le premier des antiquaires qui en ait parlé, sous le nom d'*amphithédtre* romain, ne peut être regardée comme telle, et qu'elle n'est réellement qu'une ruine appartenant à un palais de nos premiers rois de la seconde race, ou même des premiers ducs héréditaires d'Aquitaine de la race mérovingienne. Quoique Aupareds portât le titre d'archiprêtré, ce titre ne me paraît pas une raison suffisante pour motiver dans cet endroit l'existence d'un chef-lieu de population keltique ; autrement il faudrait en dire autant d'Ardin, commune aujourd'hui très-obscure, et qui était également le seul archiprêtré du diocèse de Maillezais. Briançay (*Briançay* me paraît une traduction vicieuse aujourd'hui de *Briocensis*, le pays de Briou ; j'observerai que cet archidiaconé s'étendait presque jusqu'à Fontenay-le-Comte), qui avait donné son nom au seul grand archidiaconé du Poitou, antérieurement à son démembrement, ne figure point non plus sur les cartes géographiques. Faudra-t-il en conclure aussi qu'il fut primitivement une *civitas*, un chef-lieu de *cité*? J'en tirerai seulement l'induction que ces localités étaient fort anciennes, et que lors de l'organisation administrative du diocèse, elles pouvaient être, si l'on veut, un *pagus* où se rassemblait, où s'était concentrée une certaine population, une *centénerie*. On est réduit à ne former que des conjectures, lorsque l'on est privé de renseignements positifs. Il serait donc aussi permis de dire de Paillers ce qu'on suppose d'Aupareds, car on trouve aussi des communes dont le nom est *en-Paillers?* Nous savons uniquement que ce premier endroit fut anciennement réuni au doyenné de Montaigu, et que depuis il n'a plus figuré sur les cartes, quoique son nom se soit conservé dans les pouillés. » — J'expliquerai plus tard toutes les inductions à tirer de ces points posés.

altérée que quantité d'autres, dans le nom d'Aizenay,
Asianensis, bourg du Bas-Poitou, actuellement chef-lieu
d'un canton du département de la Vendée, capitale d'un
des trois archidiaconés de l'ancien évêché de Luçon, et
de toute ancienneté décoré du titre de doyenné, avant
la division de l'évêché unique du Poitou en trois évêchés (1). Suivant Pline (2), les *Agesinates* étaient joints
aux Poitevins et ne semblaient faire qu'un seul peuple
avec eux, *Cambolectri Agesinates Pictonibus juncti ;* et
en les plaçant à la suite des *Anagnutes*, entre l'Océan et
la Sèvre-Nantaise, je les fais aussi toucher aux Poitevins.
Cette idée a été aussi celle de d'Anville ; car, dans la
carte qu'il a donnée pour suivre les conquêtes de César
dans les Gaules (3), il n'a pas hésité à placer les *Agesinates* dans la partie la plus occidentale du Bas-Poitou
de l'époque dernière. Nous croyons que le reste du territoire qui existait entre les *Anagnutes* et la mer était occupé en entier par les *Agesinates*, qui venaient ainsi jusqu'au Lay, ou même jusqu'à la Sèvre-Niortaise (4), et

(1) Opérée par le pape Jean XXII, en 1317.

(2) Plin. apud Bouquet.

(3) Cæs. *de Bell. Gall.*

(4) Conrad Mannert, dans sa *Géographie des Grecs et des Romains*,
l. III, c. 2, convient que la Charente est la rivière désignée par Au-
sone, sous le nom de *Carantonus ;* mais il prétend que d'Anville s'est
trompé en voyant le nom de la même rivière dans le *Canentelus* de
Ptolémée et de Marcien d'Héraclée. Suivant Mannert, le *Canentelus*
est la Sèvre-Niortaise. Il se fonde, 1° sur ce que ces deux auteurs in-
diquent une distance plus grande que celle qui conviendrait à la Charente, en partant de la Gironde ; 2° sur ce que sur la côte on doit cal-
culer exactement les distances, à raison des données positives fournies
aux anciens géographes par les navigateurs ; 3° parce que si on n'ad-
mettait pas cette hypothèse, on ne trouverait aucune autre rivière

qu'Aizenay était la capitale de ce pays. J'ai trouvé près de ce lieu des restes de constructions antiques , qui donnent encore plus de force à cette idée ; mais j'ajourne , pour un autre mémoire, des détails sur ce sujet , parce qu'ils me mèneraient beaucoup trop loin.

Après avoir ainsi établi l'existence de ces trois petits peuples, et leur placement à l'extrémité du Poitou ancien, il s'agit d'examiner si, avant Auguste , ils étaient entièrement indépendants, ou s'ils n'étaient, en quelque sorte, que l'annexe d'un plus grand peuple. Les *Ambiliates* , les *Anagnutes* et les *Agesinates* ne peuvent , à mon avis, être considérés que comme faisant partie de ces nations que Strabon (1) appelle obscures , et qui habitaient les rives de l'Océan. Ils étaient les alliés des Pictons, *Pictones*, avec lesquels ils se trouvèrent confondus , plus tard, sous Auguste. Quelques auteurs, il est vrai , ont tenu compte de ces nations , d'une si minime importance , notamment

mentionnée jusqu'à la Loire. L'auteur allemand ajoute que Ptolémée a dû probablement mentionner la Sèvre-Niortaise d'une manière spéciale , parce qu'elle faisait autrefois la limite entre les *Santones* et les *Pictones*, comme elle la fait aujourd'hui entre l'Aunis et le Poitou.

Je répondrai à Mannert que je ne puis admettre sa distinction entre le *Carantonus* et le *Canentelus*, qui me semblent être touts les deux l'indication de la Charente. Quant à la Sèvre-Niortaise, je dirai que cette rivière n'existait pas pour la plus grande partie de son cours actuel, parce qu'elle entrait , à peu de lieues de sa source, dans le golfe d'alors, qui forme aujourd'hui les riches marais de cette contrée. C'est ce qui fait, ainsi que l'a remarqué Arcère, dans son *Histoire de la Rochelle*, que les géographes anciens n'ont point parlé de la Sèvre-Niortaise. Du reste, cette rivière ne faisait point la limite entre les Santons et les Poitevins, pas plus qu'elle ne divise exactement l'Aunis du Poitou.

(1) Strab. apud Bouquet.

Plutarque (1), qui dit, en parlant de César, qu'il soumit
trois cents nations dans les Gaules. Appien-Alexandrin (2)
en élève le chiffre à quatre cents , et Josèphe (3) fixe à trois
cent quinze le nombre des peuples qui habitaient les
Gaules. Mais, d'un autre côté, nous voyons (4) qu'à
l'occasion du temple construit par les Gaulois à Lyon, en
l'honneur d'Auguste , il n'y avait que soixante-quatre
autels pour les soixante-quatre cités des Gaules, dont dix-
sept étaient en Aquitaine, vingt-quatre dans la Celtique,
et vingt - trois dans la Belgique. Les nations dont je
m'occupe , et dont l'existence est bien établie, ainsi
que leur position, du moins à mon avis, se trouvaient
donc trop peu considérables par elles-mêmes pour former une cité; et quoique ayant une existence, une indi-
vidualité à part des Poitevins , elles en étaient, même
dans les premiers temps, considérées comme en faisant
partie, à certains égards, probablement à raison de leur
alliance intime. Aussi, lors de la coalition formée par les
Gaulois contre les Romains , lors de l'expédition de Ver-
cingétorix , le contingent des Poitevins fut fixé à deux
mille hommes, et il est à croire que ce nombre comprenait à la fois ce que devaient fournir le peuple principal,
les *Pictons*, et les trois petits peuples alliés, les *Ambiliates*,
les *Anagnutes* et les *Agesinates*.

Un peu plus tard, la fusion des *Ambiliates*, des *Anagnutes* et des *Agesinates* s'accomplit tout-à-fait et d'une

---

(1) Dans la *Vie de César*.

(2) Ammien-Alexandrin, dans ses *Guerres civiles* et dans son *Epi-
tome des guerres celtiques*.

(3) Dans ses *Guerres des Juifs*, l. ii, c. 28.

(4) Tacit. *Annal.*, l. iii.

manière définitive. En effet, quand, sous Auguste, la Loire fut incontestablement la limite de l'Aquitaine, au Nord, soit que ce fût une nouvelle disposition ou non (1), on ne trouve que quatorze peuples de ce fleuve à la Garonne. Les petites nations dont je m'occupe ne trouvent pas place dans ce nombre, et elles firent dès-lors partie des Poitevins, dont le territoire, ainsi que le dit Strabon (2), s'étendit jusqu'à la Loire, qui coulait entre ce peuple et les Nantais, *Namnetes*. Cette borne du Poitou fut conservée encore pendant quelques siècles, jusqu'au temps où les Bretons enlevèrent à cette province les pays de Rais et de Clisson, et les Angevins le pays de Mauge. C'est donc mal à propos que dom Bouquet (3) a resserré l'Aquitaine, dont le Poitou était l'extrémité au Nord, dans des bornes trop étroites, en lui enlevant, dès le principe, le pays de Rais, et en ne le faisant pas aller jusqu'à la Loire. Ptolémée (4) lui donne, à ce sujet, un démenti bien formel, puisqu'il dit que les Poitevins habitaient la partie la plus septentrionale de l'Aquitaine, *sur l'Océan et sur la Loire.*

J'ai ainsi prouvé, au moins je le crois, l'existence de trois petits peuples gaulois, à l'extrémité nord de l'ancienne province du Poitou ; j'ai établi l'emplacement occupé par chacun d'eux, et fait connaître l'époque où ils finirent par se fondre entièrement avec les Poitevins, dont ils étaient déjà comme une annexe.

(1) Ici se présente encore la grave difficulté dont j'ai eu occasion de parler plus haut.

(2) Déjà cité.

(3) Voir sa carte, dans le *Recueil des Historiens de France.*

(4) Strab. Ptolem. apud Bouquet, t. 1, p. 20 et suiv.

Mais pour parfaire ce travail, je crois devoir porter mes investigations plus avant, en faisant connaître la division ecclésiastique à laquelle fut soumis, peu après la conquête des Romains, le territoire de ces trois petits peuples, au moment de l'introduction du Christianisme dans cette contrée (1). C'est le moyen de rattacher tout-à-fait cette première circonscription, la plus ancienne que l'on connaisse, avec la circonscription du moyen-âge, à l'aide de laquelle on peut arriver jusqu'aux différens fractionnements du pays qui se sont opérés depuis et jusqu'à nos jours.

Avant tout, il est nécessaire d'établir comme une vérité incontestable que les anciens diocèses de France ont eu pour limites le territoire des cités des Gaules. Sous l'empire romain, la hiérarchie du gouvernement ecclésiastique fut réglée par la législation civile. Des révolutions et de grands événements ont ensuite changé ces divisions premières.

Ainsi l'évêché de Poitiers s'est d'abord étendu sur tout le territoire des Poitevins et même des petits peuples qui d'abord leur avaient été annexés, pour faire ensuite un seul tout avec eux (2). On peut même dire que c'est à cette

(1) En rejetant des relations apocryphes, et en se servant du flambeau de la critique, on doit croire que le Christianisme fut introduit en Poitou vers le milieu du IIIe siècle. Saint Martial est indiqué par Grégoire de Tours comme l'apôtre de l'Aquitaine. Mais il y a lieu de croire que saint Hilaire et saint Martin furent les apôtres qui travaillèrent le plus efficacement à l'établissement de la religion chrétienne dans la province.

(2) Il paraît que ce fut vers l'an 271 que le pape Denis assigna un territoire à chaque évêque, en lui défendant d'entreprendre sur le territoire d'un autre évêque. Si l'on en croit MM. Robert du Dorat,

époque que la fusion réelle des *Pictones*, des *Ambiliates*, des *Anagnutes* et des *Agesinates*, s'opéra entièrement. Ce fut par suite de cette position de choses qu'au Nord le territoire des premiers évêques de Poitiers s'étendit jusqu'à la Loire. Depuis, des portions considérables de pays en ont été démembrées, et plus tard d'un seul évêché on en a formé trois, savoir : les évêchés de Poitiers, de Maillezais (transféré ensuite à la Rochelle) et de Luçon.

Lors de l'introduction du Christianisme, la capitale ou cité fut la résidence de l'évêque. Dans les autres villes de la même circonscription, on plaça des chorévêques et plus tard des archidiacres (1) qui eurent, dans leur dépendance, une certaine étendue de territoire. Les principaux bourgs furent habités par les doyens, dépendant des archidiacres ou archiprêtres. De là la division en archidiaconés ou archiprêtrés et en doyennés.

On l'a dit, les *Ambiliates*, les *Anagnutes* et les *Agesinates* étaient à peine réunis aux *Pictones*. Les limites de

dont les manuscrits sont à la bibliothèque publique de Poitiers, et qui citent des autorités à ce sujet, les diocèses de Poitiers et de Limoges auraient d'abord été réunis, et la division se serait opérée sous Victorin et Astidius, prélats de ces deux églises.

(1) Dans le principe, on établit pour les grandes divisions de chaque diocèse des chorévêques ou évêques ruraux, *chorepiscopi, rustici episcopi*, ainsi nommés parce qu'ils remplissaient les fonctions d'évêques, non à la ville, mais à la campagne, sous la direction de l'évêque diocésain. Ayant voulu empiéter sur les droits de celui-ci, ils en furent blâmés par le pape Léon-le-Grand, au milieu du v siècle. Plus tard, les chorévêques furent remplacés par les archidiacres ou archiprêtres, et on en plaça aussi auprès des évêques pour les aider dans leurs fonctions. Fulbert et Yves de Chartres parlent souvent des chorévêques dans leurs épîtres, et, dans les premiers temps, on les a quelquefois confondus avec les évêques.

chacun des petits peuples étaient encore patentes, et il existait pour chacun un pays ou *pagus* particulier. La circonscription ecclésiastique fut donc subordonnée à la première circonscription civile pour cette région, et elle aide même à faire connaître cette division originelle. En complétant ainsi la tâche que je me suis imposée, je vais rechercher comment chaque grande fraction du territoire du Bas-Poitou de l'époque historique la plus éloignée entra dans la première division ecclésiastique qui suivit la conversion de nos pères à la religion du Christ.

La contrée occupée par les *Ambiliates* fut très-morcelée dans la division ecclésiastique. En prenant tout-à-fait à l'Est, au point de jonction avec les Angevins, *Andes*, et en suivant le cours de la Loire, on forma un doyenné, le premier de ceux dont j'ai à parler. Cette contrée a été connue sous le nom de *pagus medalensis, medalcensis, medalgus, medalgicus*, d'où est venue sa dénomination française de Mauge. Vers 938, elle a été qualifiée un moment, on ne sait pourquoi, de comté de Mauge, dans le pays appelé *Conédencis*. Suivant Valois (1), le *pagus meldacensis* a tiré son nom d'une petite ville appelée *Meldacus*, Mauge, lieu qui était probablement situé dans l'emplacement actuel de Montreveau-le-Petit, entre Beaupreau et St-Florent-de-Montglonne. Les Mauges étaient, d'après l'auteur précité, sur les frontières des Poitevins, dépendaient de l'évêché de Poitiers, faisaient partie de l'ancien Poitou, et s'étendaient le long de la Loire, dans les montagnes ou collines de cette contrée. Valois établit cette proposition par un diplôme de Charles-le-Chauve qui, parlant du monastère de St-Florent-de-Montglonne ou le

(1) *Not. Gall.*

Vieux, dit qu'il était bâti sur la Loire et dans l'évêché de Poitiers : *Super alveum Ligeris, in pago medalgo, et Didonis episcopi pictaviensis præsulatui subjecere pagum medalgicum.* L'évêché de Poitiers et conséquemment le pays des Poitevins s'avançaient donc encore jusqu'à la Loire, du côté de l'Anjou, dans le IXe siècle. Il paraît en effet que les Mauges n'ont été réunis à cette dernière province, qu'en même temps que le Loudunois et le Mirebalais ont passé aux comtes d'Anjou, c'est-à-dire vers 958. Ce qu'il y a de positif, c'est qu'en 1282, ainsi que nous l'apprend encore Valois (1), le pays en question dépendait de l'évêque d'Angers, qui y avait un doyen, *decanus de Maugiâ*, qui tenait ses assises sur deux points, à Rochefort-sur-Loire, *apud sanctam crucem de Rupeforti*, et à Montreveau-le-Petit que je suppose, d'après cette circonstance et d'autres données, être l'ancien chef-lieu du pays (2). Néanmoins, comme l'église de Notre-Dame de Jallais était annexée au titre de doyen de Mauge, il serait possible que ce fût là l'ancien chef-lieu de ce pays, plus étendu dans le principe que ce qu'on appelle aujourd'hui les Mauges.

A la suite du pays de Mauge, était le doyenné de Che-

---

(1) *Not. Gall.*

(2) M. Bodin, dans les *Mémoires de la Société des Antiquaires de France*, tom. III, pag. 230 (voir aussi son ouvrage sur l'Anjou), tient que la capitale des Mauges était la ville de Montrevault. A ce sujet il rappelle que cette localité, qu'il appelle en latin *Mons Rebellis*, était une des principales places de l'Anjou, vers le milieu du XIIe siècle, et que son seigneur passait alors pour un des plus puissants vassaux de cette province. « Alors que Louis VII, roi de France, et Henri II, roi d'Angleterre et comte d'Anjou, dit M. Bodin, convinrent de terminer leurs différends par des arbitres choisis parmi leurs vassaux, Pierre de Montrevault fut un des six que désigna Henri II. »

millé, *Camiliacum*, dont le territoire s'étendait du Nord au Midi. Son chef-lieu primitif était Meslay, dont l'église resta jointe à celle du nouveau chef-lieu de ce territoire (1).

M. Lelewel a découvert qu'on battait de la monnaie d'or à Chemillé, sous la race mérovingienne. En effet, il donne dans sa *Numismatique du moyen-âge* (tit. 1, pag. 69 et 70) le dessin d'un tiers de sou ayant un profil droit et le mot *Camiliaco*, et au revers une croix ancrée, avec cette inscription : *Hadenaz* M. V. Comme le pense le savant polonais, il s'agit ici de Chemillé.

Au Nord de la contrée était encore un doyenné, dont le chef-lieu fut placé d'abord au lieu appelé plus tard St-Hilaire-du-Bois. Ensuite le siége du doyen, qui conserva son église primitive comme une annexe, fut transporté à Vihiers, *Vierium*. Peu considérable et presque tout en longueur, de l'Est à l'Ouest, ce territoire était formé par une ligne partant du point de jonction avec le doyenné de Bressuire, et prenant les communes actuelles de St-Paul-du-Bois, Chanteloup, Isernay et St-Hilaire-des-Echaubrognes. De là

(1) Les églises annexées dans les derniers temps aux archidiaconés, archiprêtrés ou doyennés, étaient, pour la plupart, les églises auxquelles le titre avait été donné, à l'époque de l'introduction du Christianisme. Prenons par exemple, dans le Haut-Poitou, l'archiprêtré ou *archiprévé* de Lusignan. Il est évident que, dans le principe, le chef-lieu de ce territoire n'était pas là, puisque Lusignan n'a été commencé à bâtir, d'après la *Chronique de Maillezais*, qu'au commencement du xe siècle. C'était à Voulon, église annexe de l'archiprêtré de Lusignan, qu'était le chef-lieu originaire de ce territoire. Voulon devait dès-lors être, dans le principe, un endroit important, et il n'est donc plus étonnant qu'on ait appelé *Campus Vaucladensis* ou *Vogladis* la campagne qui l'entourait, et dans laquelle fut livrée la mémorable bataille de 507, entre Clovis et Alarik II. Cette observation a échappé au savant Evêque d'Orléans, auteur de la dissertation sur cette même bataille.

joignant le pays de St-Laurent, la ligne passait encore au-delà d'Isernay, puis de Chollet. Touchant au pays de Mauge et surtout à celui de Chemillé, le doyenné de Vihiers, suivant de l'Est à l'Ouest, prenait l'abbaye de Belle-Fontaine, Nuaillé, Trementine, la Tour-Landry, le Voisde, Montilliers, la Fosse près Tigné, Tremont, et en descendant au Midi, Tencoigné et Geneton.

La localité appelée à présent Saint-Laurent-sur-Sèvre, sur les bords de la Sèvre-Nantaise, fut aussi le siége d'un doyenné que j'attribue aux *Ambiliates*, quoiqu'il pût bien dépendre des *Anagnutes*. En effet ce territoire était tout en longueur sur les deux rives de la rivière qui baignait les murs du chef-lieu. La ligne de circonscription passait au-delà du Chambretaut, Mallièvre, les Epesses, Mauléon, Moulins, la Chapelle-Largeau, le Puy-Saint-Bonnet, la Tessouale, Saint-Mélaine-des-Sources, Saint-André-de-la-Marche, Saint-Macaire, Montigné, Torfou, Tiffauges, les Landes-Genusson et la Gaubretière.

Un doyenné à la fois considérable et bien arrondi était celui dont le chef-lieu était en dernier lieu Bressuire, *Berchorium*. L'église de Saint-Porchaire était annexée au doyenné de Bressuire, ce qui fait justement croire que c'était d'abord le lieu de résidence du doyen. Quel en était originairement le nom? On l'ignore. La dation des noms de saints aux localités a apporté beaucoup de difficultés dans la recherche de la géographie ancienne. Quoi qu'il en soit, ce district, au Midi, était séparé du territoire de Parthenay par une ligne partant de peu loin du Thouet, et prenant Amailloux, Boismé, Chanteloup et Moncoutant. Puis, passant la Sèvre-Nantaise et joignant le doyenné de Fontenay, la ligne emportait la Ronde et Saint-Marsault. Tirant ensuite au Nord-Ouest et confrontant au pays de Pareds, elle englobait Saint-André-sur-Sèvre, Saint-Mesmin, la Pommeraye-sur-Sèvre, Mau-travers et Saint-Amant-sur-Sèvre. De ce point, le doyenné de Bressuire touchait à celui de Saint-Laurent-sur-Sèvre, en entourant la Petite-Boissière, Rorthais, Saint-Aubin-de-Baubigné et Saint-Pierre-des-Echaubrognes. La ligne tournant au Sud-Est, en faisant un coude et en bordant le doyenné de Vihiers, entourait Sonloire, Saint-Maurice et la Fougereuse, Argenton-Château, Boësse, la Coudre, Noirlieu, Coulonges – Thouarsais, Sainte-Gemme, Saint-Varent, Glenay, Faye-l'Abbesse et Tessonnière.

Une autre division ecclésiastique, dont la résidence du doyen était d'abord à Saint-Macaire, et ensuite, bien plus loin, à Thouars, *Thoarcis*, *Thoarcium*, était bornée par les doyennés précédents et par celui qui suit. Il s'étendait ainsi en-deçà et au-delà du Thouet et avait une prodigieuse étendue. Partant du Nord au Sud, la ligne suivait la Dive assez exactement jusqu'auprès de Moncontour. Ensuite prenant le territoire de l'abbaye de Saint-Jouin-de-Marne, elle laissait Airvault et Saint-Varent, Moutiers et Argenton-Château en dehors; et prenait Borc, Availles, Luzay, Mauzé, Sainte-Radégonde, le Breuil-d'Argenton, Cléré, Passavant, Saint-Macaire, le Vandelnay et Montreuil-Bellay.

Le doyenné dont le chef-lieu était Parthenay, *Parthenœum* ou *Partheniacum*, sur le Thouet, et capitale du pays appelé Gâtine, emprunta quelque chose sur le territoire des *Ambiliates*. Séparé au Sud-Ouest du canton dont on va parler, il prenait dans son enclave Saint-Aubin, Neufvi, Bouin, Traye, la Rejace et le Breuil-Bernard. Du côté du doyenné de Bressuire, au Nord, il comprenait dans son enceinte la Chapelle-Saint-Laurent, Clessé et Saint-Germain-de-Long-Chaume.

Enfin quelque chose du pays des *Ambiliates* fut, sans doute, donné à l'archidiaconé ou archiprêtré qui fut établi à Ardin, *Ardunum*, lieu actuellement réduit à la position de bourg, à quatre lieues de Niort (1), *Niortum*, point qui lui était alors soumis. D'Ardin dépendait le territoire des communes actuelles de Faymoreau (2), Marillet, Puy-de-Sèvre, Saint-Hilaire-de-Voust, Saint-Paul-en-Gâtine et la Chapelle-Seguin. Puis, à l'Est, cet archidiaconé touchait le doyenné de Parthenay par Vernou, Secondigny-en-Gâtine, le Beugnon et Pamplie.

Passons à la division ecclésiastique du territoire des *Anagnutes*. Tout d'abord à l'extrémité nord, en partant des rives de la Loire, entre le pays de Mauge, le doyenné

(1) M. Briquet, dans son *Histoire de Niort*, ne fait point mention de cette ancienne suprématie, ignorée dans le pays, du lieu où est actuellement le petit bourg d'Ardin, sur la localité qui a servi à bâtir l'importante ville de Niort. C'est que ce savant, à qui on doit beaucoup de reconnaissance pour un travail de plusieurs années, n'avait pas à sa disposition touts les documents originaux qui lui étaient nécessaires, et dont se servira son fils pour faire une nouvelle édition de ce livre. Du reste, il est bon de noter ici que le nom latin de *Noverogus*, donné à Niort par M. Briquet père, d'après Maty, auteur des xviie et xviiie siècles, étranger au pays, ne se trouve dans aucune charte. Le premier titre que l'on rencontre où il est question de Niort, d'abord simple château que s'était réservé le comte du Poitou, est de 1078 environ, et est une donation faite par Guillaume VI aux moines de Cluny de la monnaie de Niort, appelée *Moneta de Niort*.

(2) C'est dans cette localité, précisément dans ces trois premières communes, qu'ont été découvertes et commencées à exploiter, par M. le baron de Cressac et par l'auteur de ce mémoire, des mines de houille qui feront sans doute un jour la prospérité de la contrée.

de Chemillé et le pays d'Herbauge , se rencontrait le doyenné de Cliçon ou Clisson, *Clichia vel Clissonium*. Dès 855 , ce territoire ne dépendait plus du Poitou, car on trouve une charte de cette année par laquelle Gilardus, évêque de Nantes , cède à Actardus , qui le remplaça sur ce siége épiscopal , les doyennés de Clisson et de Rais.

A la suite du doyenné de Clisson, avant le pays de Rais et non dans l'enclave de cette dernière circonscription , se trouvait le pays d'Herbauge , *pagus herbatilicus* , *herbedilicus* , quelquefois *arbatilencis* et *arbatilicus*, qui , plus tard, fut décoré du titre de comté. Il prit son nom de la ville d'Herbauge, *urbs Herbadilla* ou *Herbedila* (1), qui aurait été bâtie, au dire de l'auteur

(1) Dom Lobineau , dans ses *Saints de Bretagne* , conteste l'existence d'une ville portant le nom d'Herbauge , et ne veut trouver là que le nom d'un territoire; et Dufour, dans l'*Ancien Poitou*, semble se ranger à cet avis : mais je ne puis l'admettre , notamment parce qu'alors surtout la dénomination du territoire se rattachait à celle d'un chef-lieu. De plus, l'existence de la ville d'Herbauges résulte du témoignage d'auteurs anciens, savoir: de la *Vie de St Martin de Vertou*, écrite quatre siècles après la mort de ce saint; de la *Vie de St Amant* qu'on fait naître dans ce lieu; de la *Vie de St Senoch* qu'on dit né à Tiffauges, bourg limitrophe du territoire d'Herbauge ; des chroniques nantaises et de St-Brieuc, qui parlent du pillage de cette cité par Bougon ; et enfin d'une autorité plus contestable , celle d'Albert de Morlaix qui, en parlant de l'engloutissement de cette ville dans le lac de Grandlieu, constate bien son existence antérieure. Quant à la position de la ville d'Herbauge , je ne pense pas qu'il faille la placer, à raison de la ressemblance des noms, aux Herbiers , dans la Vendée, comme l'a fait Massé-Isidore, dans *la Vendée poétique et pittoresque*. Un engloutissement dans la *prairie du Landreau* me semble une version par trop extraordinaire. Au contraire, qu'une ville ait été engloutie dans un lac, comme celui de Grandlieu, par suite

de la vie de saint Martin de Vertou (1) , après la destruction de la cité de *Namnetes* par Jules César. Grégoire
de Tours (2) est le premier qui ait parlé de ce pays ,
qu'il renferme dans l'ancien territoire des Poitevins : *Apud
terminum verò pictavum vicus et in Arbatilico , nomine
Becciaco , in quo ejus (Vincentii) habentur reliquiæ.* Suivant le même auteur, le pays de Rais et celui d'Herbauge
étaient également sur le bord de la mer (3) : *Oceani
littus inhabitabant Ratenses, pagus herbatilicus non longè
à littore Oceani.* Suivant cet écrivain et l'auteur de la vie de
St Martin de Vertou , ces deux cantons confinaient à la ville
de Nantes. *Pagus ratiatensis adjacet civitati*, dit l'un ;
Urbs Herbadilla namnetensi contigua civitati, dit l'autre.

En effet , en suivant la Loire , allant de l'Est à l'Ouest
jusqu'à la mer , se trouvait le pays qu'on affecta à un
doyen dont la résidence était un lieu important , appelé
Ratiastum (4), *Ratiatum* ou *Ratiate.* Ce même pays était

d'un tremblement de terre , il n'y a rien d'extraordinaire. Au reste , la
tradition est là, et il ne faut pas toujours la rejeter quand on écrit l'histoire. Souvent elle vous met sur la voie , quand vous la soumettez à une
sage critique.

(1) *Vit. S. Mart. Vert.*

(2) *De Glor. Mart.* , c. 90.

(3) Il est probable que l'embouchure de la Loire , d'une grande lar-
geur et où les eaux étaient encore saumâtres, est prise ici pour la mer ,
comme la mer elle-même. Du reste , le pays d'Herbauge joignait la
mer , au Nord du pays de Rais.

(4) La position de *Ratiastum* a été fixée diversement par d'autres
écrivains encore que ceux qu'on indique. Beaucoup d'auteurs bretons
y voient très-mal à propos Rezé, localité très-rapprochée de Nantes et
qui ne convient nullement pour la position que devait avoir l'antique
cité que l'on recherche. MM. Robert du Dorat, dans leurs manuscrits ,
conservés à la bibliothèque de Poitiers , et Jouilleton , dans son *His-*

limité non-seulement par la mer , mais par la Loire et le

toire de la Marche, mettent *Ratiastum* dans le Limousin ou dans la Marche. Cela tient à l'erreur que je signale et qu'indique aussi Conrad Mannert, erreur existant dans l'édition *erasmienne* de Ptolémée, qui consiste à ne faire qu'un seul lieu d'*Augustoritum* et de *Ratiastum*, et à placer ainsi cette dernière cité chez les *Lemovices*. Mais, comme le dit l'auteur allemand, c'est évidemment une confusion, puisque toutes les anciennes éditions latines et les manuscrits grecs placent ce dernier lieu à l'extrémité nord du Poitou, vers la Loire, et mettent *Augustoritum* à l'endroit où se trouve aujourd'hui *Limoges*. La table de *Peutinger* assigne aussi à *Ratiatum* le lieu convenable, sous le nom corrompu de *Bartoritum*.

Mais, venant à la fixation positive du lieu où se trouvait *Ratiatum*, Mannert commet une grave erreur. Suivant lui, cette cité se serait trouvée au lieu où est actuellement Machecoul, qu'il place sur le Tenu, qui en aurait fait un moyen de communication par eau avec l'Océan ; et à l'embouchure de cette même rivière, vis-à-vis l'île de Noirmoutiers , se serait trouvé le *Portus Sicor* de Ptolémée et de Marcien d'Héraclée. Il est bien difficile de traiter convenablement des points de géographie, quand on ne connaît pas les localités. D'abord Machecoul, qui ne date que du moyen-âge, ne se trouve point sur le Tenu, mais bien sur le Falleron, qui porte ses eaux à la mer. Quant au Tenu, qui prend sa source peu loin de Machecoul, et qui en passe à une certaine distance, il se jette dans le lac de Grandlieu. Évidemment le *Portus Sicor* ne pouvait donc pas être à l'embouchure du Tenu dans la mer, et *Ratiatum* n'était pas non plus à Machecoul ; le promontoire des Poitevins n'était pas non plus les Sables-d'Olonne, comme le prétend Mannert, et toutes les opinions émises sur le placement de ce port et de ce promontoire sont autant d'erreurs. C'est ce que j'espère démontrer d'une manière évidente dans un mémoire que je publierai bientôt.

Quant à *Corbilo*, qui était une place de commerce, située à l'embouchure de la Loire, célèbre du temps du premier Scipion l'Africain, et que ne mentionnent ni César ni les écrivains plus récens, Mannert déclare ne pas savoir s'il était plutôt sur une des rives du fleuve que sur l'autre. En général, *Corbilo* est placé au Nord, et beaucoup d'écrivains croient que ce port se trouvait au lieu où est actuellement Coueron.

doyenné de Mauge, et encore par le doyenné de Paillé
et l'archidiaconé d'Aizenay, dont je vais parler bientôt.
Il fut appelé *pagus vel vicus ratiatensis*, et quelquefois,
par abréviation, *pagus ratensis, territorium ratense,
terminus ratensis, Radesium, Razezium, Razaium,
Radesiæ, Radii, Raies, Raas, Raes*, en français Rais,
Retz, et en dernier lieu, pays, baronnie, et enfin duché
de Retz, et, suivant l'idiome vendéen, *pé de Ré*.

Le *Ratiastum* ou *Ratiatum* du second siècle, ou le
Raciate du moyen-âge, fut une ville importante et si
considérable qu'elle obtint, dès le vi⁰ siècle, d'être dé-
corée du titre de cité, *civitas*, qui ne se donnait qu'aux
villes épiscopales. Elle le dut, sans doute, à ce qu'A-
delphius ou Adelfius, évêque des Poitevins, s'y réfugia,
et qu'il prit le titre d'évêque de ce lieu, lors de la persécution des Wisigoths contre l'Eglise orthodoxe. Aussi,
au premier concile d'Orléans, assemblé en 511, sa sous-
cription est *Adelfius* (1), *episcopus de civitate ratiaticâ*
ou *de Ratiate* ou *episcopus ratiatensis*, suivant la plupart des manuscrits, et notamment d'après le manuscrit
de Corbie et celui de Pithou, car il y a entre eux des va-
riantes. Ce même prélat, ne pouvant assister au second
concile d'Orléans, en 533 (2), députa le prêtre Asclépius,
qui souscrivit : *Asclepius, presbyter, pro Adelphio, epis-
copo rauracensi;* et le père Sirmond corrige ces expressions, en lisant : *Pro Adelphio Ratiatensi*. Il y a des
exemples de plusieurs autres évêques qui ont pris le
nom de la ville où ils résidaient, quoiqu'elle ne fût pas
la ville épiscopale, comme Avertin, évêque de Chartres,

(1) *Conc. Gall. Sirmund*, tom. 1, pag. 183. — *Notit. Sirm.*, p. 602.
(2) Ibid, pag. 232. Not., pag. 600.

qui prit le titre d'évêque de Châteaudun , *episcopus ecclesiæ dunensis,* ou Actard , évêque dépossédé de Nantes , et qui , réfugié à Guérande , se qualifia d'évêque de cette localité.

Ce qu'il y aurait d'extraordinaire relativement à Adelphius, c'est que s'étant réfugié à *Ratiastum* , à l'extrémité de son diocèse , par suite de la persécution des Wisigoths qui étaient ariens , il ne soit point retourné à Poitiers , après la bataille de Vauclade , en 507 , qui fit passer la province sous la domination de Clovis , prince essentiellement orthodoxe ; car ce fut à ce titre , et même au concours des catholiques du Midi des Gaules , que ce chef de barbares dut particulièrement l'anéantissement de la puissance des Wisigoths dans les Gaules (1).

Ratiastum ne se trouve point dans les notices parmi les cités des Gaules ; mais on la trouve dans Ptolémée, dont l'ouvrage imprimé le donne, mal à propos, comme la capitale des *Lemovices* , peuple du Limousin , tandis que cette capitale est évidemmeut *Augustoritum* (2). C'est une des transpositions communes dans cet auteur (3). Il a

(1) La conspiration ourdie contre Alarik II , par le clergé catholique de ses états , est un fait justifié. Je m'étonne qu'il y ait à ce sujet une dénégation de la part de ma savante compatriote, Mlle de Lézardière , dans sa *Théorie des lois politiques de France.* Je reviendrai plus tard sur ce point si important.

(2) On croyait si bien au xviie siècle qu'*Augustoritum* était le nom ancien de Poitiers, que des livres imprimés alors dans cette ville portaient l'inscription d'*Augustoritum* sur leur titre.

(3) Par exemple, Ptolémée place *Borbelomagus* , capitale des peuples *Vangiones* , Worms, un degré plus au Midi que *Nœomagus* , Spire , capitale des peuples *Nemetes* , tandis que Worms est plus septentrional que Spire : de même, il assigne *Argentoratum* , Strasbourg, au ter-

déplacé *Ratiastum*, et la seconde ville qu'il donne aux *Pictones* est précisément elle, et non pas *Augustoritum*. Cela résulte d'ailleurs de la position où cet auteur place cette dernière ville à l'égard du *Limonum*, Poitiers, plus occidental d'un degré 10 minutes, et plus septentrional de 30 minutes, ce qui est à peu près la position du pays de Retz à l'égard de Poitiers. En comparant la troisième carte ou carte d'Europe de Ptolémée avec une carte de France, on voit évidemment qu'il met *Augustoritum* dans l'angle formé par la mer et l'embouchure de la Loire, ou le pays de Rais. Dans une telle position de choses, on devait penser qu'il y avait une faute de copiste, et qu'on avait déplacé *Augustoritum* et *Ratiatum*, et mis l'un au lieu de l'autre; et l'abbé Belley, dont je me sers de la savante *Dissertation sur Limonum, Augustoritum et Ratiastum* (1), a levé tous les doutes en citant deux manuscrits de Ptolémée qui sont à la bibliothèque du Roi. On y trouve, comme ville des Poitevins ou *Pictones*, *Ratiatum* à 17 degrés 50 minutes de longitude et 48 degrés 20 minutes de latitude, et *Limonum*, Poitiers, à 19 degrés de longitude et à 47 degrés 50 minutes de latitude. *Augustoritum* est placé là chez les peuples du Limousin, *Lemovices*, à 17 degrés 50 minutes de longitude et à 17 degrés 45 minutes de latitude.

Sous la race mérovingienne on a frappé des monnaies d'or à *Ratiatum*. Le Blanc (2) donne le dessin d'une pièce où on voit la tête d'un jeune prince ceinte d'un double

ritoire des peuples *Vangiones*, tandis que ce lieu dépendait des peuples *Tribocci*.

(1) *Mém. de l'Acad. des Inscrip.*

(2) *Traité des monnaies de France*, p. 58 et 64.

rang de perles, entourée du mot *Raciate ;* au revers se trouve une croix, et tout autour cette autre inscription : Theodorico m. Je me range à l'avis du savant polonais, M. Lelewel, qui pense que cette désignation est celle d'un monétaire (1).

St Hilaire, l'évêque par excellence de Poitiers, et dont tant de paroisses portent le nom par suite du séjour qu'il y fit, a marqué aussi son séjour à *Ratiatum* en y baptisant le confesseur St-Lupian (2), au dire de Grégoire de Tours, qui indique là le pays de Rais comme terminant le Poitou, et se rapprochant de Nantes.

La ville de *Ratiatum* fut sans doute détruite par les *Normans* (3), qui firent les plus grands ravages dans ce pays, et anéantirent pareillement les monastères de *Deas* (St-Philbert-de-Grandlieu) , et de St-Florent-de-Mont-glonne. Les églises et les châteaux de cette contrée, si l'on en croit la chronique de Nantes (4), subirent le même sort,

(1) *Numismatique du moyen-âge considérée sous le rapport du type,* t. 1ᵉʳ, p. 58 et 71. M. Lelewel fait remarquer qu'il y avait des monétaires du nom de Théodoric à Arzac, à Neufvic, à Rais et à Viriliac. Or, ces deux lieux étaient bien rapprochés, si, comme le croient divers auteurs, *Viriliacum* est Veue, aujourd'hui dans le comté nantais.

(2) *Intra ipsum Pictavorum terminum qui adjacet civitati namneticœ, id est in vico ratiatensi, Lupianus quidam in albis transiens requiescit. Hic fertur a beato Hilario antistite donum baptismatis suscepisse.* Greg. Tur. *de Glor. Confes.,* c. 54.

(3) J'écris ainsi ce mot pour indiquer les hommes du Nord qui vinrent ravager les Gaules au moyen-âge. Quand il s'agit des habitants de la terre qu'ils vinrent habiter, par suite de la cession faite à Rollon, terre qui prit alors le nom de Normandie, je les appelle *Normands.* J'ai déjà établi ce principe dans ma *Coopération des Poitevins à la conquête de l'Angleterre.*

(4) *Chron. Namn.,* apud D. Lobineau.

(31)

et le pays demeura quelque temps sans habitants : *Dani veniunt et Northmanni , civitatesque et castella , ecclesias , monasteria , domos incendunt , regionem vastant... villæ et agri vicini Ligeri... devastate erant , et etiam sine ullo habitatore deserti.* Toujours est-il que la position de *Ratiatum* a été l'objet des recherches de plusieurs savants , qui n'ayant , pour ainsi dire , que des conjectures à former, se sont par cela même divisés d'opinion. Dans sa Notice sur les Gaules (1) , Valois dit que c'est un lieu nommé le *Retail* , près d'un village appelé *Scobrit* , dont il est parlé dans un diplôme de Louis-le-Débonnaire , de l'an 839 (2), qui place le *pagus ratiatensis* ou *vicaria ratensis* dans le territoire des Poitevins : *Villam juris nostri nomine* Scobrit, *qui ex in pago pictavo , in vicariâ ratense cum ecclesiâ S. Vitalis.* Se fondant sur une légende insérée au bréviaire de l'abbaye de Tournus , il prétend que Scobrit est la colline sur laquelle on voyait la cellule de St Vital , anglais de nation , d'où elle a ensuite pris le nom , qui a été changé depuis en celui de St-Viau-en-Retz. Indécis sur la question , le même auteur ajoute ensuite que *le vicus ratiatensis* pourrait être le même lieu appelé *Portus Reciatus* , dont il est fait mention dans l'ouvrage d'Armentarius, sur la translation du corps et les miracles de St Philbert (3) , à l'occasion d'un voyage que fit une dame du Mans à ce *Portus Reciatus* , qu'il juge être sur la Loire : *Ex cinnomannico territorio quædam fœmina Rainildis nomine navem conscendit... usque ad optimum*

(1) *Not. Gall.*
(2) *Mass. de D. Fonteneau* , etc.
(3) *De Transl. et Mirac. S. Philib.* , l. ii, c. 61.

portum qui Reciatus dicitur, *à monasterio quod* Deas
vocant, *octo milliariis*, *celeriter decurrit*.

Chateigner de la Roche-Posay, évêque de Poitiers (1),
place le *vicus ratiensis* à Rié. Ses conjectures ne sont
appuyées d'aucunes preuves, si ce n'est une certaine ressemblance dans les mots, et dès-lors elles sont faciles à
repousser. D'abord il n'est pas bien certain que le territoire sur lequel a été bâti Rié, et qui est situé dans le
marais occidental du Bas-Poitou, fût desséché à cette
époque. Ensuite le bourg de Rié n'a jamais été nommé en
latin *Ratiatensis*, *Ratensis* ou *Ratiastum*, mais *Riedum*,
ainsi qu'on peut s'en convaincre par la lecture des anciens titres (2). Or, le pays de Retz, touchant d'un côté à
l'Océan, et de l'autre à la Loire, il n'est guères possible
de croire que sa capitale ne fût pas un port, ou du moins
n'en eût pas un à sa portée. Le *Portus Raciatus* d'Armentarius, situé seulement à huit milles du monastère de Deas,
et dès-lors situé dans le pays de Retz, paraît être le lieu
que l'on cherche, ou tout au moins être un port, dans
son voisinage. Mais où sont les restes de ces *Ratiastum?*
On peut dire que cette position est tout-à-fait ignorée, ou
bien, comme quelques auteurs le prétendent, elle aura
été engloutie par les flots.

Il faut pourtant le dire, il y a à ce sujet une opinion
émise qui ne laisse pas que d'être d'un grand poids, à
cause de l'érudition de son auteur, et quoiqu'il ne pa-
raisse pas avoir eu une grande connaissance des localités.
C'est celle de l'abbé Belley, mentionnée dans la savante

(1) Dans ses *Litanies poitevines.*
(2) Voyez les chartes copiées dans les manuscrits de dom Fonteneau.

dissertation dont j'ai déjà eu occasion de parler. Cet académicien pense que le *Ratiastum*, *Ratiatum*, depuis *Ratiate*, était situé dans le lieu où l'on trouve, l'une à côté de l'autre, les deux églises de St-Père (Pierre), et de Ste-Opportune-en-Retz. Il existait là un château important, au milieu du xie siècle, et il en est fait mention dans un acte souscrit par Airard, évêque de Nantes, en 1060 (1), où l'on trouve les expressions suivantes : *Ecclesia sancti Petri de Radesio juxtà castrum quod vocatur ad sanctam Opportunam.* Deux églises aussi rapprochées, avec un château, comme le dit l'abbé Belley, annoncent un lieu considérable, et la dénomination *de Radesio* lui paraît une altération, et lui fait croire que ce lieu pourrait bien être l'ancienne ville de *Ratiastum*, d'autant mieux que cette position est assez en harmonie avec celle que devait occuper l'ancienne capitale du Bas-Poitou.

Néanmoins, je le dirai franchement, c'est précisément parce que je connais le pays dont il est question que l'indication donnée ne me convient pas. Elle n'est pas du reste dans la distance de huit milles de Déas indiquée par Armentarius. Enfin cette expression en *Retz*, *de Radesio*, a trompé l'abbé Belley. Cela ne prouve point que ce fut la capitale portant au moyen-âge le nom de *Rais*, en latin *Ratiastum*, mais seulement une localité située dans le pays qui portait ce nom, comme on dit encore en Bas-Poitou, Bazoges-en-Pareds, Mouilleron-en-Pareds, et que l'on disait aux environs de Paris, Louvre-en-Parisis, etc.

Venait après le doyenné de Rais, le doyenné de Paillé, alors une petite ville du territoire des *Anagnutes*, et qui, de bonne heure, a été réduit à l'état de simple village, et

____

(1) Dom Lobineau, t. 2, col. 171, 257.

enclavé dans la paroisse de Bazoges-en-Paillé. Ce lieu a donné son nom à deux paroisses, celle dont on vient de parler et Chavagnes-en-Paillé, et il est à remarquer que deux autres paroisses, portant le même nom, existent aussi près de Pareds, et prennent la dénomination de cette autre division ecclésiastique. C'est de ce nom donné aux paroisses du voisinage, et de la continuation de possession du bénéfice du lieu par le doyen, qu'on tire l'induction non contestable que Paillé a été d'abord le lieu de résidence du doyen de la contrée. Cette localité ayant été réduite à presque rien, cet ecclésiastique aura choisi pour résidence Montaigu, *Mons-Acutus*, devenu dès le moyen-âge une petite ville groupée autour de son important château.

Ce doyenné avait pour limites une ligne à prendre entre les Herbiers et la Barottière-Mesnard, qui, tirant au Nord en en faisant une ligne courbe vers l'Ouest, touchait, dans toute cette partie, le territoire de St-Laurent-sur-Sèvre, jusqu'à la rivière de Sèvre-Nantaise, vers Boussay. Allant ensuite à l'Ouest, les communes actuelles de St-Hilaire-de-Loulay, de la Grolle, de Rocheservière et de Corcoué étaient comprises dans cette circonscription. Descendant au Midi, St-Christophe de Chartrusse, St-Sulpice, la Copechagnère et Chauché étaient dans l'enclave. La ligne se terminait en prenant St-Fulgent.

Je continuerai ce qui concerne les *Anagnutes*, en indiquant un point presque ignoré aujourd'hui où fut placé, lors de l'introduction du Christianisme, un archidiacre ou archiprêtre. C'est sur les bords de l'Arkanson, petit ruisseau qui traverse la plaine intérieure du Bas-Poitou, renommé, on l'a dit, par la fertilité de ses rives, que fut édifiée la petite ville de Pareds ou Aupareds, *Alperium* ou *Alperiens*, descendue depuis à l'état de simple village de la commune de la Jaudonnière (1), et qui a pourtant continué à donner son nom à un grand nombre de lieux, Mouilleron-en-Pareds, St-Paul-en-Pareds, Bazoges-en-Pareds, Chavagnes-en-Pareds, depuis Chavagnes-les-Redouls à cause de sa réunion avec ce dernier lieu. Le territoire qui dépendait directement de cet archidiaconé était assez considérable au Nord, mais il n'était rien au Sud. Il ne dépassait pas les communes actuelles de la Caillère, le Bouildroux, Bazoges, Mouilleron et St-Germain. Ensuite il s'approchait des bords de la Sèvre-Nantaise, par Réaumur, Menomblet, Montournais, la Meilleraye, Pouzauges, la Flocelière, Châteaumur, le Chatelier, qui étaient de ce territoire. Inclinant vers l'Ouest, la ligne passait au-delà de St-Marc-la-Réorthe, les Herbiers, Ardelay, Vandrenne et St-André-Goule-d'Oie. Descendant au Midi, Ste-Florence-de-l'Hébergement, Ste-Cécile, le Puybéliard, Chantonnay, St-Philbert-du-Pont-Charrault et St-Hilaire-du-Bois entraient dans cette circonscription.

Enfin les *Anagnutes* ont dû s'étendre aussi sur le territoire qui fut assigné au doyen qu'on plaça d'abord à St-Pierre-du-Chemin, *Sanctus Petrus de Camino* (2), et qu'on transféra plus tard à Fontenay-le-Comte (3), à l'autre ex-

(1) Cette paroisse a reçu son nom de la famille Jaudouin, assez marquante au moyen-âge, et éteinte, il y a moins d'un siècle, dans la branche de la maison de Rorthais, qui possédait la terre de Marmande, peu éloignée de Luçon.

(2) L'église de Saint-Pierre-du-Chemin est demeurée attachée jusqu'à la fin au doyenné de Fontenay.

(3) Fontenay-le-Comte était ainsi appelé, d'abord à cause de sa fontaine dont les eaux sont abondantes, et de ce que ce territoire dépendait directement du comte de la province. Du reste, Fontenay ne commence à être mentionné que sous la seconde race.

trémité de ce territoire (1) du Nord au Sud. Ce pays commençait peu loin des bords de la Sèvre-Nantaise, s'étendait dans la plaine et entrait dans le marais. Ses limites à l'Ouest, du Nord au Sud, commençaient en prenant St-Pierre-du-Chemin et en suivant le Breuil-Baret, la Tardière, Loge-Fougereuse, la Châtaigneraye, Saint-Maurice-le-Girard, St-Sulpice, Cezay, St-Martin-des-Fontaines, St-Valérien, Pouillé, Sérigné et Pissotte. En remontant dans la ligne est, du Midi au Nord, elle prenait Ste-Radégonde-la-Vineuse, Bourneau, Vouvant, Antigny, St-Maurice-des-Noues, la Chapelle-au-Lis, et allait entourer St-Pierre-du-Chemin.

Le pays des *Agesinates* fut peu morcelé dans la circonscription ecclésiastique, car il ne forma que trois divisions. La première fut le doyenné ou plutôt l'archiprêtré, qui devint ensuite archidiaconé (2), formé pour

(1) En effet, les églises de Saint-Jean et de Saint-Nicolas de Fontenay dépendaient de l'archiprêtré d'Ardin, qui commençait là, à partir des rives de la Vendée. Dans un mémoire sur les différentes divisions du Poitou, j'aurai des remarques assez curieuses à faire. Il est à désirer qu'un travail général soit fait à ce sujet pour toute la France, et je compte en faire la proposition à M. Guizot à qui on doit tant pour les études historiques.

(2) Le *Grand Gaulthier*, registre original de l'évêché, commencé par Gaulthier de Bruges, évêque de Poitiers, de 1278 à 1306, dit que le doyenné d'Aizenay, *Asianensis*, était sans archidiaconé. On apprend aussi par ce recueil précieux dont j'ai eu communication, et qui est entre les mains d'un homme instruit qui l'a sauvé de la destruction, que jadis l'évêque de Poitiers avait un de ses quatre officiaux à Aizenay, pour statuer sur des mariages et sur les crimes dont ne pouvait connaître le doyen d'Aizenay. Les émoluments de la place étaient évalués à trente-deux sous par an; mais il était surtout utile d'éviter aux pauvres d'aller plaider jusqu'à Poitiers, à cause de l'éloignement.

la capitale de ce petit peuple, petite ville située dans le lieu où est actuellement Aizenay. Ainsi que dans plusieurs des doyennés dont j'ai déjà parlé, le chef-lieu se trouva à l'extrémité méridionale. Partant de la mer, la ligne embrassait les communes actuelles de Givrand, la Chapelle-Hermier, Coex, Aizenay; puis, en allant joindre l'Océan, par le Nord, en inclinant un peu à l'Ouest, elle prenait celles de Saint-Paul-de-Commequiers, Grandlande, Falleron, la Garnache, le Bois-du-Cesné, l'île Bouin, qui passa ensuite à l'évêché de Nantes, l'île de Noirmoutiers et l'île du Pilier. Cette dernière ligne était séparative du pays de Rais.

La seconde division des *Agesinates* était le doyenné de Talmont, *Thalemund*, dont le chef-lieu est la petite ville de ce nom, célèbre au moyen-âge. Partant de la mer et allant du Midi au Nord, elle suivait la ligne qu'on va tracer pour les frontières du doyenné de Mareuil, en prenant la Tranche, Angles, Saint-Benoît-sur-Mer, Lairoux, Curzon, Saint-Cyr-en-Talmondais, Saint-Sornin et le Champ-Saint-Père. Dans le principe, le doyen de cette division résidait au Bernard, dont l'église a toujours été attachée à son titre. Ce lieu devait, en effet, être un point marquant sous les Gaulois, à raison de son beau dolmen de la Frébauchère (1).

Les trois autres officiaux étaient placés à Niort, à Chauvigny et à Poitiers. Gaulthier de Bruges, trouvant ces précédents établis, crut devoir les conserver.

(1) Le dolmen de la Frébauchère, dans la commune du Bernard, est un des plus beaux de la contrée. La pierre principale qui le forme est supposée peser 150 milliers. Ce reste précieux d'antiquité est menacé d'une entière destruction par un propriétaire du pays, tellement ennemi des monuments historiques qu'il a déjà abattu et brisé

En troisième lieu, venait le doyenné de Mareuil, *Marollium*, petite ville ou gros bourg sur la rivière du Lay, dont l'église, pour une partie de sa construction, annonce une très-haute antiquité. Ce territoire était presque tout au Nord de son chef-lieu ; et plus tard, je ferai connaître toute l'importance ancienne de cette position, dont on ne se doute guère de nos jours. Touchant au pays de Pareds, à l'Est, il avait sur ses bords les communes actuelles de Sainte-Hermine, Puymaufray, la Réorthe, Saint-Vincent-du-Fort-du-Lay, ou plutôt de la *Fourche-du-Lay*, *Furca Ledii*, Saint-Hilaire-le-Vouhi, la Grève, Saint-Martin-des-Noyers, la Merlatière et Boulogne. Il joignait le pays de Paillé, en prenant Saint-Denis-la-Chevace, Saligny, Belleville, Beaufou et Saint-Etienne-du-Bois. Ses limites, en touchant le doyenné d'Aizenay, comprenaient Palluau et la Genêtouse. Enfin le doyenné de Mareuil était séparé de celui de Talmont, en embrassant dans son circuit Venansault, le Bourg-sous-la-Roche-sur-Yon, la Limousinière, Saint-Florent-du-Bois, le Tablier et Corbaon. En continuant, cette circonscription prenait Saint-André-sur-Mareuil, la Couture, Péault, la Bretonnière, la Claye, Chanay et Saint-Denis-du-Payré. Puis, joignant la mer, elle emportait l'Aiguillon et l'île de la Dive, touchait à l'Aunis, et ensuite au doyenné de Fontenay, en entourant Saint-Michel-en-l'Herm, Triaise, l'abbaye de Moureille, Nallier,

les beaux peulvens d'Avrillé... Quelle manie de démolition dans un siècle où on se dit éclairé ! Mais pour des hommes qui, à les entendre, sont amis des lumières, le bien-être matériel de l'espèce humaine et l'instruction primaire, est tout ce qu'il faut à la France. Avec un tel système nous retomberons dans la barbarie des premiers âges.

Saint-Aubin-de-la-Plaine, Saint-Étienne-de-Brillouet, Thiré, la Chapelle-Themer, Saint-Martin-Lars, Changillon et la Vineuse.

Pour les limites des divisions ecclésiastiques, j'ai été contraint d'indiquer les communes existantes, autrement je n'aurais pu me faire entendre, et encore la carte jointe à ce travail et les cartes contenant touts les noms des communes seront-elles d'un grand secours pour l'intelligence de ce que je viens de dire.

Je termine ici ces recherches, parce que la division ecclésiastique qui suivit l'introduction du Christianisme en Poitou effaça tout-à-fait la distinction entre les petits peuples qui habitaient le Nord de cette contrée. Ils furent définitivement fondus dans le plus grand peuple, les Poitevins, dont ils étaient déjà les alliés ; et le territoire de chacun d'eux, morcelé en fractions pour l'exercice du gouvernement de l'évêque du pays, finit par demeurer inconnu, et pour le trouver il a fallu se livrer à des recherches multipliées et même donner beaucoup aux conjectures. Une division civile, indépendante et sans rapport avec la division ecclésiastique, celle des vigueries, division que je ferai connaître plus tard, finit par compliquer encore et rendre plus difficile la tâche que je m'étais imposée et que je termine ici.

Ligeris la Loire.
Corbilo, Couëron
S¹ Viau au Pais
Ratiatum de l'abbé Belley.
Viridiacum, Vue
Pagus ratiatensis, Pays de Rais
Anagnutes.
Pornic
Baie de Bourgneuf
Ile Bouin
Machecoul
Herbadilla.
Lac de Grandlieu
Pagus herbaticus, Pays d'herbauge.
Deas, S¹ Philbert de Grandlieu.
Mené R.
La Boulogne R.
Le Falleron R.
Marais occidental de la Vendée, presque entièrement sous les eaux, à l'époque de la conquête des Romains.
Diedium, Nié
Obianensis, Oizenay
Agesinates.
La Ferrière, grande exploitation de fer des Gaulois.
Bram.
Mainted, ancienne cité des Nannetes.
S¹ Florent de Montglone.
Pagus medalgius, Pays de Mauges.
maugia,
montrevault, montrevault le Petit.
où Bodin place l'ancienne ville de Mauges.
La Seigneurie.
Beaupreau.
N.D. de Jallais, Melay.
Rochefort sur Loire.
La Layon R.
Ambiliates.
Camiliacum, Chemillé.
Theodwaldum, Doué, ville capitale des Ambiliates.
Vionum, Vihiers.
S¹ Hilaire du bois.
S¹ Macaire.
Montreuil Bellay
Clichia vel Clissonium, Clisson.
Chollet.
Effauges, colonie des Teifaliens.
Mons acutus, Montaigu
Mortagne.
Taillé ou Faillers, ancien doyenné.
Pays de Taille.
Les herbiers, Herbadilla de Massé Isidore.
mons leonis, Moulion
sur Sevre
S¹ Laurent sur Sevre
Separis, la Sevre Nantaise
Vultaconum, lieu cité par Grégoire de Tours, et où l'on a battu monnoie.
S¹ Porchaire.
Berchorium, Bressuire.
Thvarcis vel Thoarcium, Thouars.
Le Thoual R.
Airvault.
Le Grand Loi
Le petit Loi
Tigournay
S. Petrus de Camino, S¹ Pierre du chemin.
Alperium vel Alperians, Pareds, Pays de Pareds.
Faymoreau.
Secondigny.
Partheniacum, Parthenay.
Vendée R.
Fontenay le Comte, Fontaniacum, l'Autise R.
Ardenum, Ardin, ancien archiprêtré.
Olonne, Les Sables d'Olonne.
Chaloiemont, Talmont
Promontoire des Pictons de quelques auteurs.
Jardum, Jard.
Avrillé.
Le Bernard.
Lucio, Luçon, évêché de 1317.
Marais méridional de la Vendée, sous les eaux, sauf les îles, à l'époque de la conquête des Romains.
Maillezais, évêché de 1317.
Ile de Maillezais.
Pointe de l'Aiguillon, promontoire des Pictons de quelques auteurs.
Separa, la Sèvre Niortaise.
Niortum, Niort.
Limonum, Poitiers.
Pictones.
Carte
dressée pour donner une idée
du système adopté dans les recherches
sur les peuples qui habitaient le nord de l'ancien
sur la Loire et sur la mer, lors de la conquête des
Romains, et de l'introduction du Christianisme.
Société des Antiquaires de l'Ouest. 1er volume.